An Arctic bumblebee flies above the frosty tundra. It survives 40°F.

Un abejorro ártico vuela sobre la tundra escarchada. Sobrevive a 40 grados F.

Can any animal exist
in a colder climate?

¿Puede algún otro animal
existir en un clima más frío?

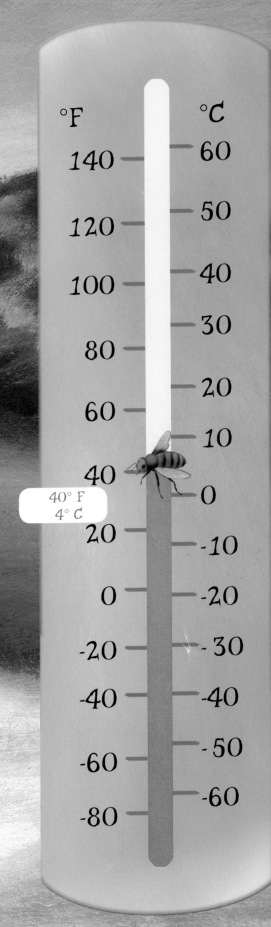

°F   °C

140 — — 60

120 — — 50

100 — — 40

— 30

80 —

— 20

60 —

— 10

40 —

40° F
4° C
       — 0

20 —

— -10

0 — — -20

-20 — — -30

-40 — — -40

— -50

-60 —

— -60

-80 —

Yes! The Alaska blackfish can!
It survives minus 4°F as it darts
through Alaskan waters.

¡Sí! ¡El pez negro de Alaska puede hacerlo!
Sobrevive a 4 grados F bajo cero cuando sale
disparando a través de las aguas de Alaska.

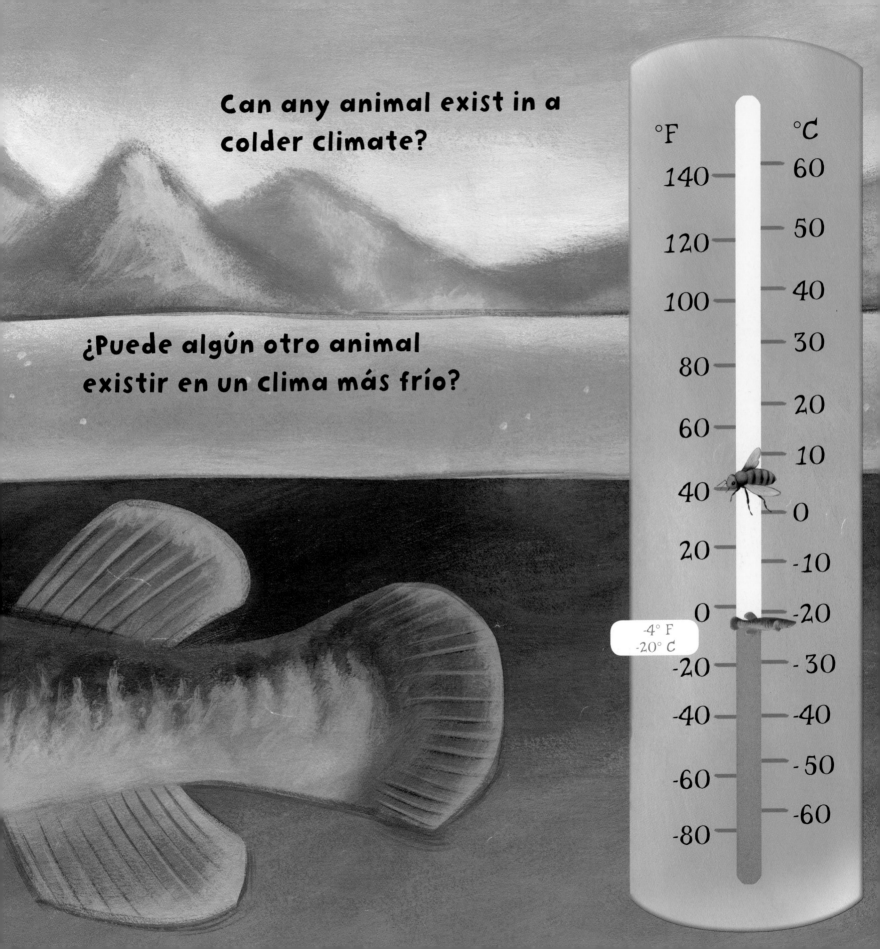

Can any animal exist in a colder climate?

¿Puede algún otro animal existir en un clima más frío?

°F

140

120

100

80

60

40

20

0

-20

-40

-60

-80

°C

60

50

40

30

20

10

0

-10

-20

-30

-40

-50

-60

-4° F
-20° C

Yes! The Antarctic skua can! It survives minus 12°F. It steals another bird's egg near the coast of Antarctica.

¡Sí! ¡El salteador antártico puede hacerlo! Sobrevive a 12 grados F bajo cero. Roba los huevos de otras aves cerca de la costa de la Antártida.

Can any animal exist in a colder climate?

¿Puede algún otro animal existir en un clima más frío?

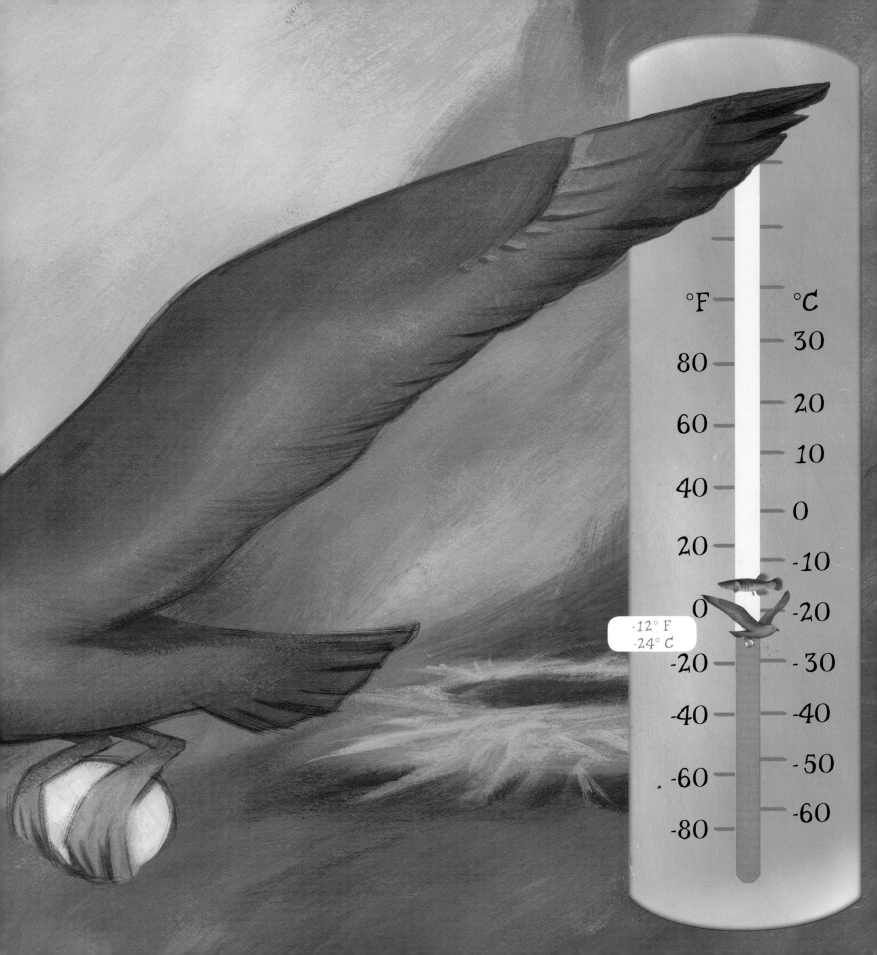

°F   °C

          30

80

          20

60
          10

40
          0

20
          -10

0   -20

-12° F
-24° C
          -30
-20

          -40
-40

          -50
-60

          -60
-80

Yes! The ptarmigan can! It walks out of its snow burrow in Greenland. It survives minus 29°F.

¡Sí! ¡La perdiz blanca puede hacerlo! Sale de su madriguera nevada en Groenlandia. Sobrevive a 29 grados F bajo cero.

Can any animal exist in a colder climate?

¿Puede algún otro animal existir en un clima más frío?

-29° F
-34° C

Yes! The polar bear can! It survives minus 34°F as it walks over the ice-covered waters of northern Canada.

¡Sí! ¡El oso polar puede hacerlo! Sobrevive a 34 grados F bajo cero mientras camina por las aguas cubiertas de hielo en el norte de Canadá.

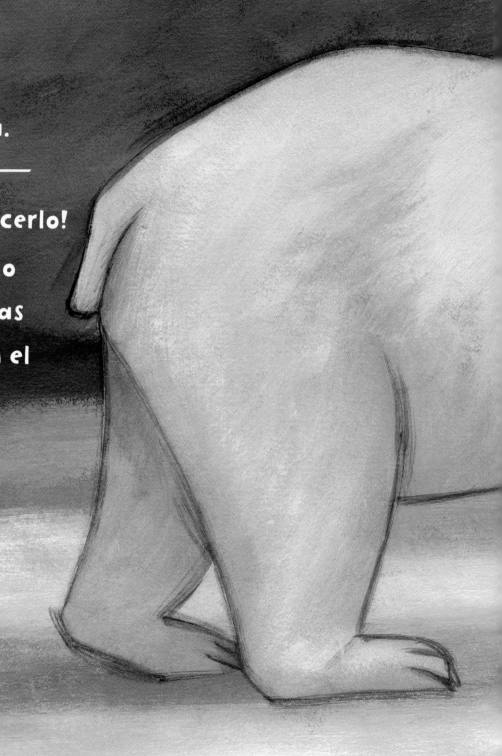

°F

140
120
100
80
60
40
20
0
-20
-40
-60
-80

°C

60
50
40
30
20
10
0
-10
-20
-30
-40
-50
-60

-34° F
-37° C

Can any animal exist
in a colder climate?

¿Puede algún otro animal
existir en un clima más frío?

Yes! The musk ox can! It huddles with other oxen to stay warm in the minus 40°F winds of the Arctic plains.

¡Sí! ¡El buey almizclero puede hacerlo! Se agrupa con otros bueyes para permanecer caliente en los vientos de 40 grados F bajo cero de las llanuras árticas.

Can any animal exist in a colder climate?

¿Puede algún otro animal existir en un clima más frío?

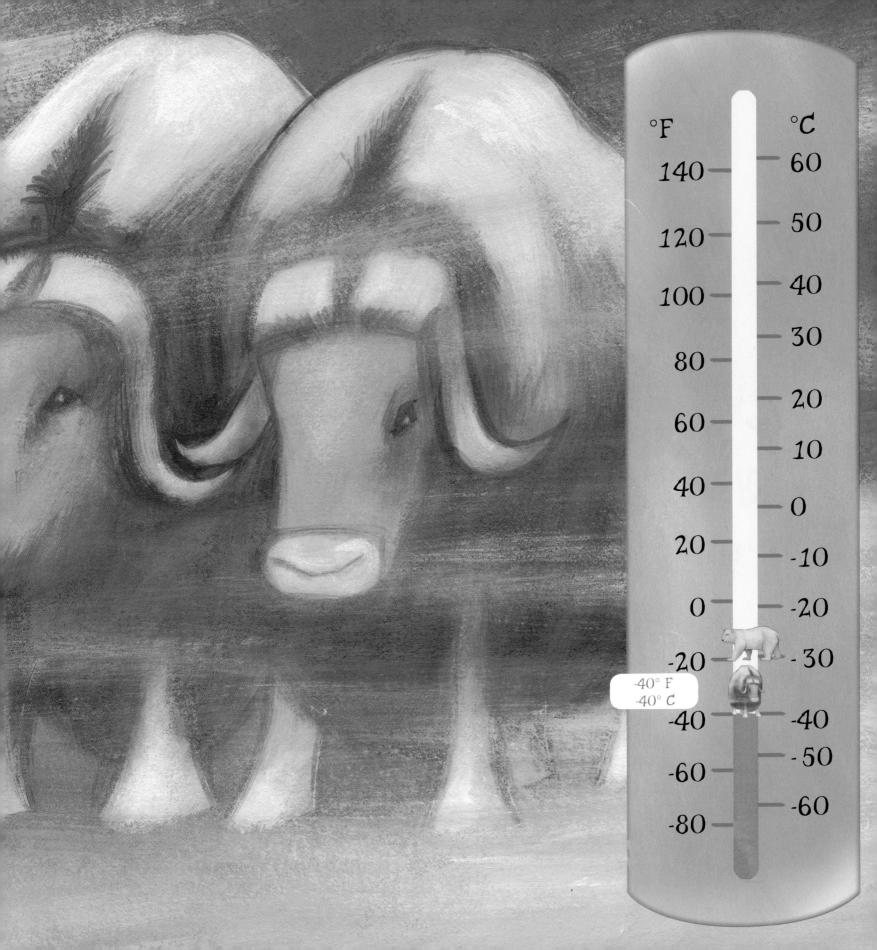

Yes! The emperor penguin can!
It survives minus 70°F as it waddles
around in the Antarctica snow.

¡Sí! ¡El pingüino emperador puede
hacerlo! Sobrevive a 70 grados F bajo
cero mientras se balancea por la nieve
de la Antártida.

**Can any animal exist
in a colder climate?**

**¿Puede algún otro animal
existir en un clima más frío?**

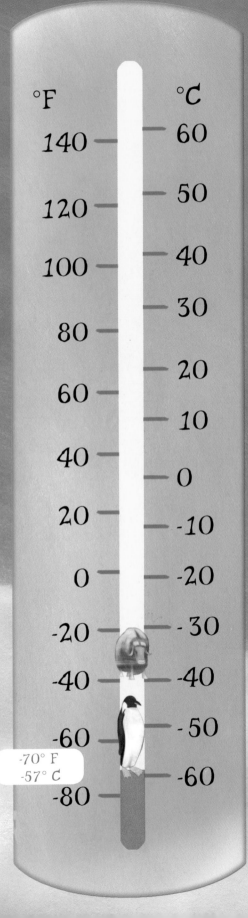

°F   °C
140 —   — 60
          — 50
120 —
          — 40
100 —
          — 30
80 —
          — 20
60 —
          — 10
40 —
          — 0
20 —
          — -10
0 —   — -20

-20 —   — -30

-40 —   — -40

          — -50
-60 —
-70° F
-57° C   — -60
-80 —

Yes! The Siberian husky can! It stands guard on the cold Siberian snow. It survives minus 75°F.

¡Sí! ¡El husky siberiano puede hacerlo! Se para haciendo guardia en la nieve fría de Siberia. Sobrevive a 75 grados F bajo cero.

Can any animal exist in a colder climate?

¿Puede algún otro animal existir en un clima más frío?

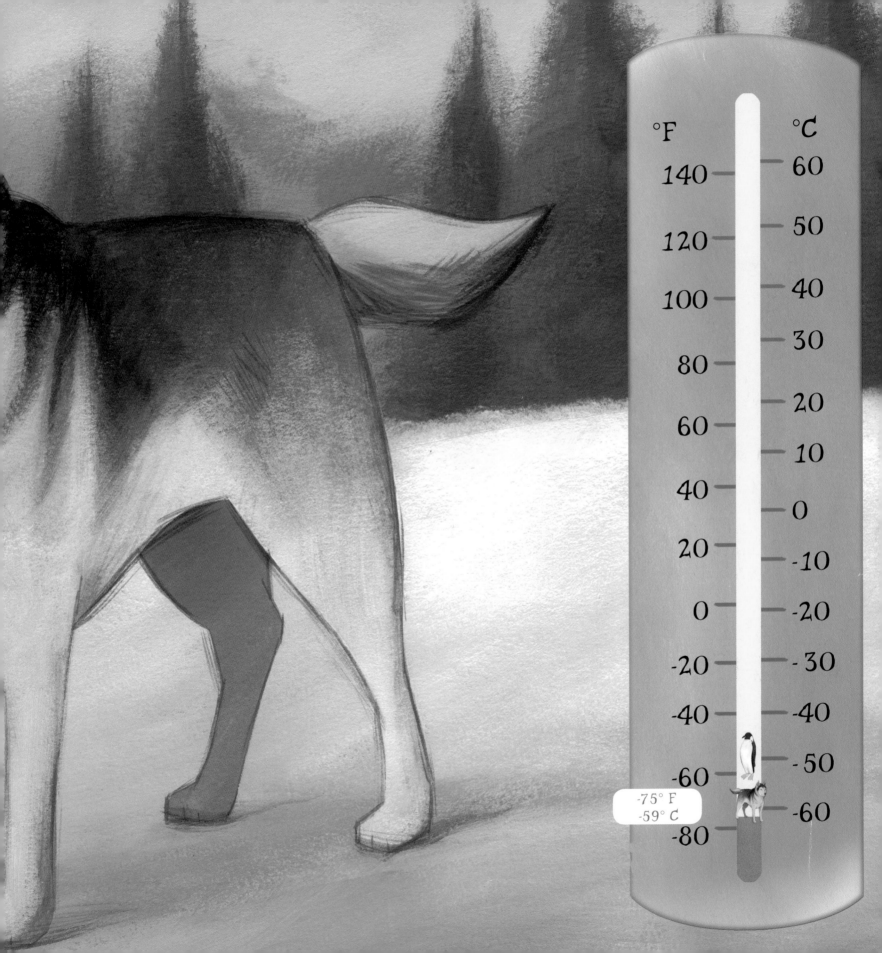

°F

140 —

120 —

100 —

80 —

60 —

40 —

20 —

0 —

-20 —

-40 —

-60 —

-80 —

°C

— 60

— 50

— 40

— 30

— 20

— 10

— 0

— -10

— -20

— -30

— -40

— -50

— -60

-75° F
-59° C

Perhaps. Who knows what could exist in colder climates?

Quizás. ¿Quién sabe qué podría existir en climas más fríos?

Extreme Fun Facts

Datos de extremos

Arctic bumblebees shiver to generate heat. Their thick hairs trap the heat to keep them warm.

Los abejorros árticos tiemblan para generar calor. Sus pelos gruesos atrapan el calor para mantenerse calientes.

The Alaska blackfish lives in colder water than any other fish on Earth.

El pez negro de Alaska vive en aguas más frías que cualquier otro pez en la Tierra.

Antarctic skuas are also called brown skuas. They are very aggressive birds.

Los salteadores antárticos se llaman también salteadores marrones. Son aves muy agresivas.

The ptarmigan turns white in winter. Its white coloring helps it blend in with the snowy surroundings.

La perdiz blanca se vuelve blanca en invierno. Su color blanco la ayuda a camuflarse en la nieve.

A thick layer of blubber keeps the polar bear warm while swimming in cold water.

Una capa gruesa de grasa mantiene al oso polar caliente mientras nada en agua fría.

Arctic bumblebee/ abejorro ártico

Alaska blackfish/ pez negro de Alaska

Antarctic skua/ salteador antártico

ptarmigan/ perdiz blanca

polar bear/ oso polar

divertidos

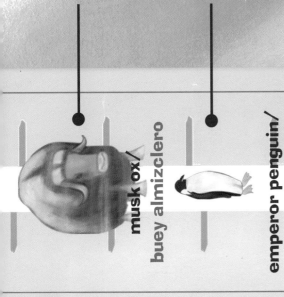

The musk ox has broad hooves that spread out flat. These flat feet help keep the ox from sinking into the deep snow.

El buey almizclero tiene pezuñas anchas que se separan en forma plana. Estos pies planos ayudan a evitar que el buey se hunda en la nieve profunda.

musk ox/
buey almizclero

Thick fat and two layers of thick feathers keep the emperor penguin warm in freezing weather.

Grasa gruesa y dos capas de plumas gruesas mantienen al pingüino emperador caliente en climas helados.

emperor penguin/
pingüino emperador

Siberian huskies were brought to Alaska from Siberia in 1909. They were used as sled dogs because of their great speed and endurance.

Los huskis siberianos fueron llevados a Alaska de Siberia en 1909. Ellos fueron usados como perros de trineos por su gran velocidad y resistencia.

Siberian husky/
husky siberiano

Glossary

aggressive—ready to attack

burrow—a hole or tunnel in the ground made by an animal, usually for its home

endurance—the ability to keep going when things are difficult

hooves—hard coverings on the feet of some animals

huddle—to crowd tightly together in a group

plains—flat, grassy land with only a few trees

survive—to stay alive

thermometer—a tool for measuring temperature

tundra—an area of flat or rolling plains with no trees

Glosario

agresivo—listo a atacar

agrupar—reunirse apretadamente en un grupo

las llanuras—tierra llana con pasto y solo algunos árboles

la madriguera—un agujero o túnel en el suelo hecho por un animal, generalmente para su hogar

las pezuñas—coberturas duras en las patas de algunos animales

resistencia—la habilidad de continuar cuando las cosas son difíciles

sobrevivir—permanecer con vida

el termómetro—una herramienta para medir temperatura

la tundra—un área de planicies llanas o con colinas sin árboles

Internet Sites

FactHound offers a safe, fun way to find Internet sites related to this book. All of the sites on FactHound have been researched by our staff.

Here's all you do:

Visit *www.facthound.com*

Type in this code: 9781404873162

Check out projects, games and lots more at
www.capstonekids.com

Sitios de Internet

FactHound brinda una forma segura y divertida de encontrar sitios de Internet relacionados con este libro. Todos los sitios en FactHound han sido investigados por nuestro personal.

Esto es todo lo que tienes que hacer:

Visita *www.facthound.com*

Ingresa este código: 9781404873162

Hay proyectos, juegos y mucho más en
www.capstonekids.com